Rosetta Stone

CHINESE
PICTURE DICTIONARY
Simplified characters

ISBN: 978-1-947569-68-3

27 26 25 24 23 1 2 3 4 5

Printed in the USA

About this book

Are you ready to learn some Chinese words? Before you begin, here's some useful information to help you get the most out of this book.

Mandarin Chinese

There are many different languages spoken in mainland China, but *Mandarin* is the main one. Mandarin is also widely used in other countries. When we talk about *Chinese* in this book, we're talking about *Mandarin Chinese*.

Chinese characters

In English, you read and write using the ABC alphabet. In Chinese, you use *characters* instead. There are tens of thousands of characters in Chinese! But all characters are made up of about two hundred base parts called *radicals*, which can be put together in different ways.

Sometimes, you can imagine the characters as pictures to help you remember them. For example, the character for *person* 人 looks kind of like a person with two legs. Other times, you just need to memorize the characters.

There are two kinds of Chinese characters: *traditional* and *simplified*. Simplified characters are simpler than traditional characters. Traditional characters are used in Taiwan, Hong Kong, and Macau. Simplified characters are used in mainland China and in Singapore. This book uses simplified characters.

Pinyin

Pinyin is a way of writing Chinese words using the ABC alphabet. This can help you when you're learning Chinese. Be careful, though! The way you read pinyin is not exactly the same as the way you read English. For example, **he** in pinyin is pronounced like *huh*—not like the word *he* in English.

Be sure to check out the QR codes in this book for pronunciation help.

Tones

Chinese is a *tonal* language. This means that the same word can mean different things depending on how you say it. For example, the word 妈 (mā) is said with a high, flat tone. It means *mother*. The word 麻 (má) is said with a rising intonation—kind of like the way you ask a question—and it is a kind of plant. The word 马 (mǎ) is said with a tone that goes down and then up again, and it means *horse*. You might also hear 马 (mǎ) spoken with just a low, flat tone—kind of like the way you say "Uhh..." when you're not sure about something. The word 骂 (mà) is said with a falling intonation—kind of like the way you might firmly tell someone "No!"—and it means *to scold*. So even though those four words all look similar in pinyin, they are spoken differently and they mean different things.

Did you notice that the pinyin for each of those words has a different line or mark on top of the letter **a**? Those accent marks show you which tone to use. If there is no accent mark, that means it has a neutral tone.

动物 (Animals)
dòng wù

māo 猫 cat

gǒu 狗 dog

niǎo 鸟 bird

tù zi 兔子 rabbit

cāng shǔ 仓鼠 hamster

mǎ 马 horse

FUN LANGUAGE FACT: Different languages have different sounds for animals. For example, a dog says "woof" in English but 汪 (wāng) in Chinese. Scan the QR code to hear more Chinese animal sounds!

zhū 猪 pig

yáng 羊 sheep

Scan here to hear the words!

Saying words in Chinese

The best way to learn how to say each word in Chinese is to hear it spoken by a native speaker. Scan the QR codes in this book to hear each word out loud.

Language facts

Throughout this book, we share fun, interesting, and useful facts about the Chinese words you're learning.

Table of Contents

0 *líng* 零 zero

1 *yī* 一 one

2 *èr* 二 two

3 *sān* 三 three

4 *sì* 四 four

5 *wǔ* 五 five

6 *liù* 六 six

7 *qī* 七 seven

8 *bā* 八 eight

9 *jiǔ* 九 nine

10 *shí* 十 ten

11 *shí yī* 十一 eleven

Scan here to hear the words!

12

shí èr

十二

twelve

13

shí sān

十三

thirteen

14

shí sì

十四

fourteen

15

shí wǔ

十五

fifteen

16

shí liù

十六

sixteen

17

shí qī

十七

seventeen

FUN LANGUAGE FACT:
If you know the numbers 1 through 10 in Chinese, you can use them to count all the way to 99! See how the numbers 11 through 19 are just the word for *ten* followed by the words for *one, two, three*, etc.? Similarly, 20 is *two-ten*, 30 is *three-ten*, and so on. What do you think 二十五 (èr shí wǔ), or *two-ten-five* means?

18

shí bā

十八

eighteen

19

shí jiǔ

十九

nineteen

数字 shù zì
Numbers

20

èr shí
二十
twenty

30

sān shí
三十
thirty

40

sì shí
四十
forty

50

wǔ shí
五十
fifty

60

liù shí
六十
sixty

70

qī shí
七十
seventy

80

bā shí
八十
eighty

90

jiǔ shí
九十
ninety

100

yì bǎi
一百
one hundred

颜色 yán sè
Colors

Scan here to hear the words!

hóng sè
红色
red

lán sè
蓝色
blue

FUN LANGUAGE FACT: 色 (sè) means *color* in Chinese. So 蓝色 (lán sè) literally means *blue color* and 红色 (hóng sè) literally means *red color*.

huáng sè
黄色
yellow

chéng sè
橙色
orange

lù sè
绿色
green

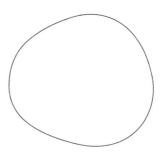

bái sè
白色
white

Take your Chinese language skills to the next level!

Sign up for RosettaStone.com.

颜色 yán sè
Colors

hēi sè

黑色
black

fěn sè

粉色
pink

zǐ sè

紫色
purple

zōng sè

棕色
brown

huī sè

灰色
gray

qiǎn lán sè

浅蓝色
pale blue

FUN LANGUAGE FACTS:
Another word for *brown* is 咖啡色 (kā fēi sè), which
means *coffee color*.

浅 (qiǎn) means *shallow*, while 深 (shēn) means *deep*.
So instead of describing colors as darker or lighter,
as we do in English, in Chinese they're described
as shallower or deeper. For example, pale blue is
浅蓝色 (qiǎn lán sè), or *shallow blue color*.

shēn lán sè

深蓝色
dark blue

形状 xíng zhuàng
Shapes

Scan here to hear the words!

zhèng fāng xíng
正方形
square

cháng fāng xíng
长方形
rectangle

yuán xíng
圆形
circle

tuǒ yuán xíng
椭圆形
oval

líng xíng
菱形
diamond

xīng xíng
星形
star

sān jiǎo xíng
三角形
triangle

FUN LANGUAGE FACT:
角 (jiǎo) means *angle* or *corner*. A triangle has three corners, so it is called a 三角形 (sān jiǎo xíng), or *three corner shape* in Chinese. A pentagon has five corners, so it is a 五角形 (wǔ jiǎo xíng), or *five corner shape*.

xīn xíng
心形
heart

动物 dòng wù
Animals

māo
猫
cat

gǒu
狗
dog

niǎo
鸟
bird

tù zi
兔子
rabbit

cāng shǔ
仓鼠
hamster

mǎ
马
horse

FUN LANGUAGE FACT: Different languages have different sounds for animals. For example, a dog says "woof" in English but 汪 (wāng) in Chinese. Scan the QR code to hear more Chinese animal sounds!

zhū
猪
pig

yáng
羊
sheep

Scan here to hear the words!

niú

牛

cow

FUN LANGUAGE FACT:
牛 (niú) is also used to refer to an ox or bull. In Chinese, 你真牛 (nǐ zhēn niú), or *you really ox*, is an expression that means *you are awesome*.

yā zi

鸭子

duck

shān yáng

山羊

goat

é

鹅

goose

huǒ jī

火鸡

turkey

jī

鸡

chicken

FUN LANGUAGE FACT:
A hen is a female chicken, while a rooster is a male chicken. In Chinese, you just add 母 (mǔ), which means *female*, or 公 (gōng) which means *male*, to the word for *chicken*, 鸡 (jī). So *hen* is 母鸡 (mǔ jī) while *rooster* is 公鸡 (gōng jī).

lǎo shǔ

老鼠

mouse

动物 dòng wù
Animals

hú li
狐狸
fox

qīng wā
青蛙
frog

xióng
熊
bear

lù
鹿
deer

shé
蛇
snake

lóng
龙
dragon

FUN LANGUAGE FACT: 猫 (māo) means *cat*, 头 (tóu) means *head*, and 鹰 (yīng) means *eagle*. So the word for *owl* in Chinese translates to *cat head eagle*, or *eagle with a cat head*.

māo tóu yīng
猫头鹰
owl

sōng shǔ
松鼠
squirrel

Scan here to hear the words!

chòu yòu

臭鼬

skunk

huàn xióng

浣熊

raccoon

FUN LANGUAGE FACT:
Raccoons sometimes dip their food in water and then roll it around in their paws. It almost looks like they're washing their food before eating it. This is how raccoons got the name 浣熊 (huàn xióng), which means *washing bear*.

cì wei

刺猬

hedgehog

yǎn shǔ

鼹鼠

mole

wū guī

乌龟

turtle

láng

狼

wolf

FUN LANGUAGE FACT:
斑 (bān) means *stripe* or *spot*, and 马 (mǎ) means *horse*. So a zebra is called a *striped horse* in Chinese.

bān mǎ

斑马

zebra

13

动物 dòng wù
Animals

dà xiàng
大象
elephant

shī zi
狮子
lion

hóu zi
猴子
monkey

dà xīng xing
大猩猩
gorilla

huǒ liè niǎo
火烈鸟
flamingo

xī niú
犀牛
rhinoceros

cháng jǐng lù
长颈鹿
giraffe

hé mǎ
河马
hippopotamus

lǎo hǔ
老虎
tiger

Scan here to hear the words!

yīng wǔ

鹦鹉

parrot

shù dài xióng

树袋熊

koala

FUN LANGUAGE FACT:
树 (shù) means *tree*, 袋 (dài) means *pouch*, and 熊 (xióng) means *bear*. So koalas are *tree pouch bears* in Chinese, because they live in trees and have a pouch. Koalas are also sometimes called 考拉 (kǎo lā) in Chinese.

biān fú

蝙蝠

bat

luò tuo

骆驼

camel

xióng māo

熊猫

panda

dài shǔ

袋鼠

kangaroo

qǐ é

企鹅

penguin

hǎi tún

海豚

dolphin

15

动物 dòng wù
Animals

páng xiè
螃蟹
crab

lóng xiā
龙虾
lobster

hǎi xīng
海星
sea star

FUN LANGUAGE FACT:
Did you notice that a lot of the words on this page end with 鱼 (yú), which means *fish*? Whales, crocodiles, and sharks have 鱼 (yú) as their root word, because they live in the water too!

yú
鱼
fish

jīng yú
鲸鱼
whale

è yú
鳄鱼
crocodile

shā yú
鲨鱼
shark

zhāng yú
章鱼
octopus

hǎi mǎ
海马
seahorse

FUN LANGUAGE FACT:
海 (hǎi) means *sea* while 马 (mǎ) means *horse*. So 海马 (hǎi mǎ) means *sea horse*, just like in English. 豹 (bào) means *leopard*, so 海豹 (hǎi bào) means *sea leopard*.

hǎi bào
海豹
seal

cāng ying
苍蝇
fly

mì fēng
蜜蜂
bee

hú dié
蝴蝶
butterfly

mà zha
蚂蚱
grasshopper

máo máo chóng
毛毛虫
caterpillar

FUN LANGUAGE FACT:
毛 (máo) means *hair* while 虫 (chóng) means *insect*. So a caterpillar is a *hairy hairy insect* in Chinese!

Scan here to hear the words!

动物 dòng wù
Animals

yíng huǒ chóng

萤火虫

firefly

piáo chóng

瓢虫

ladybug

jiǎ ké chóng

甲壳虫

beetle

fēi é

飞蛾

moth

zhī zhū

蜘蛛

spider

wén zi

蚊子

mosquito

mǎ yǐ

蚂蚁

ant

wú gōng

蜈蚣

centipede

rú chóng

蠕虫

worm

Scan here to hear the words!

píng guǒ
苹果
apple

FUN LANGUAGE FACT:
小苹果 (xiǎo píng guǒ), which literally means *little apple*, is a term you use for someone you're very fond of.

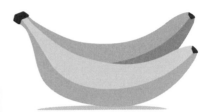

xiāng jiāo
香蕉
banana

jú zi
橘子
orange

cǎo méi
草莓
strawberry

lán méi
蓝莓
blueberry

hóng méi
红莓
raspberry

FUN LANGUAGE FACT:
水果 (shuǐ guǒ) means *fruit* while 蔬菜 (shū cài) means *vegetable*. So if you see 果 (guǒ) in a word, you can guess that it's a kind of fruit! Similarly, if you see 菜 (cài) in a word, you can guess that it's a kind of vegetable.

lí
梨
pear

táo zi
桃子
peach

xī yòu
西柚
grapefruit

lǐ zi
李子
plum

pú tao
葡萄
grapes

pú táo gān
葡萄干
raisins

xī méi
西梅
prune

hóng zǎo
红枣
red date

FUN LANGUAGE FACT:
Did you know that a raisin is a dried grape? In Chinese,干 (gān) means *dry*, so 葡萄干 (pú táo gān) literally means *dried grape*.

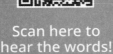

Scan here to hear the words!

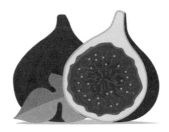

wú huā guǒ

无花果

fig

hā mì guā

哈密瓜

melon

xī guā

西瓜

watermelon

mù guā

木瓜

papaya

FUN LANGUAGE FACT:
西瓜 (xī guā) means *western melon*, since watermelons were introduced to ancient China from the west. 木瓜 (mù guā) means *tree melon*, since papayas grow on trees.

níng méng

柠檬

lemon

qīng níng méng

青柠檬

lime

hēi méi

黑莓

blackberry

21

màn yuè méi

蔓越莓

cranberry

xìng

杏

apricot

yīng táo

樱桃

cherry

bō luó

菠萝

pineapple

máng guǒ

芒果

mango

shí liu

石榴

pomegranate

mí hóu táo

猕猴桃

kiwi

FUN LANGUAGE FACT:
猕猴 (mí hóu) means *macaque*, a type of monkey, while 桃 (táo) means *peach*. This may be because the monkeys in China love eating kiwi fruit!

shì zi

柿子

persimmon

fān shí liu

番石榴

guava

lì zhī

荔枝

lychee

FUN LANGUAGE FACT:
百 (bǎi) means *hundred*, 香 (xiāng) means *fragrant*, and 果 (guǒ) means *fruit*. So *passion fruit* is literally *hundred fragrant fruit* in Chinese.

bǎi xiāng guǒ

百香果

passion fruit

yē zi

椰子

coconut

gǎn lǎn

橄榄

olive

hú luó bo

胡萝卜

carrot

水果和蔬菜 shuǐ guǒ hé shū cài
Fruits and vegetables

qié zi
茄子
eggplant

xī lán huā
西兰花
broccoli

wān dòu
豌豆
peas

FUN LANGUAGE FACT:
Trying to get a good smile for a photo? Instead of saying "Cheese!" like we do in English, Chinese people say 茄子 (qié zi)!

cǎi jiāo
彩椒
bell pepper

bō cài
菠菜
spinach

huáng guā
黄瓜
cucumber

FUN LANGUAGE FACT:
黄瓜 (huáng guā) means *yellow gourd*. This might seem strange, since cucumbers are usually green, not yellow. But cucumbers actually can turn yellow when they are old and very ripe. These yellowish cucumbers are often used for making soup.

Scan here to hear the words!

xī hóng shì

西红柿

tomato

FUN LANGUAGE FACT:
Another word for *tomato* is **番茄** (fān qié),
which means *foreign eggplant*. Tomatoes were
brought to China sometime in the late 16th or
early 17th century, and people thought they
were strange and foreign at first.

yáng cōng

洋葱

onion

shēng cài

生菜

lettuce

yuán bái cài

圆白菜

cabbage

cài huā

菜花

cauliflower

yǔ yī gān lán

羽衣甘蓝

kale

bào zǐ gān lán

抱子甘蓝

Brussels sprouts

水果和蔬菜 shuǐ guǒ hé shū cài
Fruits and vegetables

sì jì dòu

四季豆

green beans

xiǎo bái cài

小白菜

bok choy

xī hú lu

西葫芦

zucchini

jiāng

姜

ginger

tǔ dòu

土豆

potato

hóng shǔ

红薯

sweet potato

luó bo

萝卜

radish

jiǔ cōng

韭葱

leek

lú sǔn

芦笋

asparagus

niú yóu guǒ

牛油果

avocado

kǔ guā

苦瓜

bitter melon

xī qín

西芹

celery

mó gu

蘑菇

mushroom

dà suàn

大蒜

garlic

hóng cōng tóu

红葱头

shallot

yù mǐ

玉米

corn

lián ǒu

莲藕

lotus root

nán guā

南瓜

pumpkin

坚果 jiān guǒ
Nuts

hé tao
核桃
walnut

zhēn zi
榛子
hazelnut

kāi xīn guǒ
开心果
pistachio

huā shēng
花生
peanut

xìng rén
杏仁
almond

FUN LANGUAGE FACT:
开心果 (kāi xīn guǒ) means *happy fruit*. This is probably because the open shells on the pistachio kind of look like a smile!

bì gēn guǒ
碧根果
pecan

yāo guǒ
腰果
cashew

lì zi
栗子
chestnut

食物 shí wù
Food

Scan here to hear the words!

nǎi lào

奶酪

cheese

jī dàn

鸡蛋

egg

huáng yóu

黄油

butter

suān nǎi

酸奶

yogurt

zhōu

粥

congee

FUN LANGUAGE FACT:
Congee is a type of porridge that is usually made with rice. It is very popular in China and other Asian countries.
粥 (zhōu) is the most common name for it in China, but you might hear it referred to as **jūk** in Hong Kong.

guǒ jiàng

果酱

jam

fēng mì

蜂蜜

honey

miàn bāo

面包

bread

食物 shí wù
Food

shā lā
沙拉
salad

sān míng zhì
三明治
sandwich

tāng
汤
soup

FUN LANGUAGE FACTS:
Say 意大利 (yì dà lì) out loud. Does it sound like a country you know that is famous for its pasta? That's right, 意大利 (yì dà lì) means *Italy*, and 面 (miàn) means *wheat flour food*.

yì dà lì miàn
意大利面
pasta

miàn tiáo
面条
noodles

mǐ fàn
米饭
rice

xiǎo biǎn dòu
小扁豆
lentils

dòu zi
豆子
beans

Scan here to hear the words!

xiǎo mài
小麦
wheat

miàn fěn
面粉
flour

huáng dòu
黄豆
soybean

mài piàn
麦片
cereal

yàn mài piàn
燕麦片
oatmeal

xiāng cháng
香肠
sausage

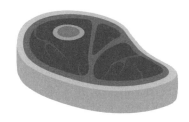

ròu
肉
meat

FUN LANGUAGE FACT:
If you want to talk about a specific kind of meat, you can just add the animal name before the word 肉 (ròu), which means *meat*. So *pork* is 猪肉 (zhū ròu), or *pig meat*; *beef* is 牛肉 (niú ròu), or *cow meat*; and *chicken* is 鸡肉 (jī ròu), or *chicken meat*.

食物 shí wù
Food

jiǎo zi
饺子
dumplings

bāo zi
包子
steamed stuffed bun

dòu fu
豆腐
tofu

huǒ tuǐ
火腿
ham

jīn qiāng yú
金枪鱼
tuna

FUN LANGUAGE FACT:
Another word for 金枪鱼 (jīn qiāng yú) is 吞拿鱼 (tūn ná yú), which comes from the word *tuna*.

shǔ tiáo
薯条
fries

fān qié jiàng
番茄酱
ketchup

jiàng yóu
酱油
soy sauce

Scan here to
hear the words!

yóu

油

oil

FUN LANGUAGE FACT:
加油 (jiā yóu), which means
to add oil or fuel, is a
Chinese expression that is
used to show support and
encouragement. It is often
used as a kind of cheer at
sporting events.

cù

醋

vinegar

hú jiāo

胡椒

pepper

yán

盐

salt

huáng jiè mò jiàng

黄芥末酱

mustard

táng

糖

sugar

xiāng liào

香料

spices

xiāng cǎo

香草

herbs

食物 shí wù
Food

qiǎo kè lì
巧克力
chocolate

bīng qí lín
冰淇淋
ice cream

huá fū bǐng
华夫饼
waffles

dàn gāo
蛋糕
cake

pài
派
pie

bǐng gān
饼干
cookie

táng guǒ
糖果
candy

yáng jiǎo miàn bāo
羊角面包
croissant

gāo diǎn
糕点
pastries

饮料 yǐn liào
Drinks

Scan here to hear the words!

niú nǎi
牛奶
milk

chá
茶
tea

kā fēi
咖啡
coffee

shuǐ
水
water

qì pào shuǐ
气泡水
sparkling water

FUN LANGUAGE FACT:
气泡 (qì pào) means *bubble*. So 气泡水 (qì pào shuǐ) literally means *bubble water*.

rè qiǎo kè lì
热巧克力
hot chocolate

guǒ zhī
果汁
juice

qì shuǐ
汽水
soda

35

交通工具 jiāo tōng gōng jù
Transportation

qì chē
汽车
car

chū zū chē
出租车
taxi

fēi jī
飞机
plane

FUN LANGUAGE FACT:
Do you see 车 (chē) and 机 (jī) in many of the words on this page? 车 (chē) means *vehicle*, and 机 (jī) means *machine*. So for example, the word for *taxi* is 出租车 (chū zū chē), or *rent vehicle*, and the word for *airplane* is 飞机 (fēi jī), or *fly machine*.

gōng gòng qì chē
公共汽车
bus

kǎ chē
卡车
truck

huǒ chē
火车
train

dì tiě
地铁
subway

36

Scan here to hear the words!

zì xíng chē

自行车

bike

mó tuō chē

摩托车

motorcycle

zhí shēng jī

直升机

helicopter

FUN LANGUAGE FACTS:
自 (zì) means *self* and 行 (xíng) means *move*. So the Chinese word for *bicycle*, 自行车 (zì xíng chē), literally means *a vehicle that you move yourself*.

Say 摩托 (mó tuō) out loud. Does it sound a bit like *motor* to you? That's because 摩托 (mó tuō) comes from the word *motor*.

rè qì qiú

热气球

hot air balloon

xiāo fáng chē

消防车

fire engine

jiù hù chē

救护车

ambulance

jǐng chē

警车

police car

交通工具 jiāo tōng gōng jù
Transportation

wā jué jī
挖掘机
digger

huá bǎn chē
滑板车
scooter

dù lún
渡轮
ferry

xiǎo chuán
小船
boat

lún chuán
轮船
ship

fān chuán
帆船
sailboat

FUN LANGUAGE FACT:
面包 (miàn bāo) means *bread*. So the Chinese word for *van*, 面包车 (miàn bāo chē), means *bread vehicle*. This is because Chinese vans look kind of like a loaf of bread!

miàn bāo chē
面包车
van

lā jī chē
垃圾车
garbage truck

Scan here to hear the words!

chèn shān

衬衫

shirt

nǚ shì chèn shān

女士衬衫

blouse

T xù shān

T 恤衫

T-shirt

máo yī

毛衣

sweater

kāi shān

开衫

cardigan

kù zi

裤子

pants

wà zi

袜子

socks

lián kù wà

连裤袜

tights

qún zi

裙子

skirt

39

lián yī qún

连衣裙

dress

FUN LANGUAGE FACT:
Another word for *dress* is
礼服 (lǐ fú), which means
ceremony clothing.

dà yī

大衣

coat

jiá kè shān

夹克衫

jacket

yǔ yī

雨衣

raincoat

shǒu tào

手套

gloves

wéi jīn

围巾

scarf

mào zi

帽子

hat

bàng qiú mào

棒球帽

baseball cap

shǒu liàn

手链
bracelet

FUN LANGUAGE FACT:
There are actually two words for *bracelet* in Chinese. Flexible bracelets, like chain bracelets, are called 手链 (shǒu liàn). Hard, inflexible bracelets, like bangle bracelets, are called 手镯 (shǒu zhuó).

ěr huán

耳环
earrings

xiàng liàn

项链
necklace

pí dài

皮带
belt

duǎn kù

短裤
shorts

shuì yī

睡衣
pajamas

yóu yǒng yī

游泳衣
bathing suit

yī fú hé shì pǐn pèi jiàn
衣服和饰品配件
Clothing and accessories

nèi kù
内裤
underwear

lǐng dài
领带
tie

lǐng jié
领结
bow tie

yǎn jìng
眼镜
glasses

xī zhuāng
西装
suit

yàn wěi fú
燕尾服
tuxedo

FUN LANGUAGE FACT:
牛仔 (niú zǎi) means *cowboy*, so jeans are literally *cowboy pants*.

niú zǎi kù
牛仔裤
jeans

tài yáng jìng
太阳镜
sunglasses

鞋子 xié zi
Shoes

xuē zi
靴子
boots

tuō xié
拖鞋
slippers

liáng xié
凉鞋
sandals

yùn dòng xié
运动鞋
sneakers

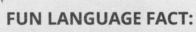

FUN LANGUAGE FACT:
运动 (yùn dòng) means *sports*. So sneakers are literally *sports shoes* in Chinese.

gāo gēn xié
高跟鞋
high heels

yǔ xuē
雨靴
rain boots

rén zì tuō
人字拖
flip-flops

FUN LANGUAGE FACTS:
人 (rén) means *person*, and the Chinese character for rén 人 looks kind of like the top of a flip flop. This is how *flip flops* got the name 人字拖 (rén zì tuō).

身体 shēn tǐ
The body

tóu

头

head

ěr duo

耳朵

ear

yǎn jing

眼睛

eye

méi mao

眉毛

eyebrow

xià ba

下巴

chin

FUN LANGUAGE FACT:
大嘴巴 (dà zuǐ ba)
means *big mouth*.
And like in English,
this phrase describes
someone who has
trouble keeping secrets.

liǎn jiá

脸颊

cheek

FUN LANGUAGE FACT:
When you *sweet talk*
someone, you say nice
things to them to try to
get them to like you or
do something for you.
Chinese has a similar
expression, 嘴巴甜 (zuǐ
ba tián), which literally
means *sweet mouth*.

zuǐ ba

嘴巴

mouth

44

bí zi

鼻子
nose

zuǐ chún

嘴唇
lips

yá chǐ

牙齿
teeth

liǎn

脸
face

FUN LANGUAGE FACT:
If you *lose face* in English, it means you feel ashamed or embarrassed. Chinese has a similar expression, 丢脸 (diū liǎn), which literally means *lose face*.

tóu fa

头发
hair

jiān bǎng

肩膀
shoulder

bó zi

脖子
neck

gē bo

胳膊
arm

45

身体 shēn tǐ
The body

zhǒu bù
肘部
elbow

shǒu zhǐ
手指
finger

shǒu zhǐ jiǎ
手指甲
fingernail

shǒu
手
hand

FUN LANGUAGE FACT:
高手 (gāo shǒu), which literally translates to *high hand*, is a Chinese expression that means *expert, master,* or *pro*. Keep up your Chinese practice and you might become a 高手 someday!

shǒu wàn
手腕
wrist

tuǐ
腿
leg

xī gài
膝盖
knee

Scan here to hear the words!

jiǎo

脚

foot

jiǎo huái

脚踝

ankle

jiǎo hòu gēn

脚后跟

heel

jiǎo zhǐ

脚趾

toe

jiǎo zhǐ jiǎ

脚趾甲

toenail

dù zi

肚子

tummy

bèi

背

back

Take your Chinese language skills to the next level!

Sign up for RosettaStone.com.

家人 jiā rén
Family

mā ma
妈妈
mom

bà ba
爸爸
dad

fù mǔ
父母
parents

FUN LANGUAGE FACT:
妈妈 (mā ma) and 爸爸 (bà ba) are like *mom* and *dad* in English. 母亲 (mǔ qin) is the more formal word for *mother*, and 父亲 (fù qin) is the more formal word for *father*.

nǚ ér
女儿
daughter

ér zi
儿子
son

bǎo bǎo
宝宝
baby

jiě jie
姐姐
older sister

mèi mei

妹妹

younger sister

gē ge

哥哥

older brother

dì di

弟弟

younger brother

wài gōng

外公

grandfather (mom's side)

wài pó

外婆

grandmother (mom's side)

yé ye

爷爷

grandfather (dad's side)

nǎi nai

奶奶

grandmother (dad's side)

FUN LANGUAGE FACT:
Did you notice? There are a lot more words for family members in Chinese than there are in English. In Chinese, there are different words for older and younger siblings. There are also different words for family members who come from your mom's side of the family and ones who come from your dad's side.

在家 zài jiā
At home

gōng yù

公寓

apartment

lóu tī

楼梯

stairs

diàn tī

电梯

elevator

wū dǐng

屋顶

roof

yáng tái

阳台

balcony

zǒu láng

走廊

hallway

chuāng hu

窗户

window

mén

门

door

FUN LANGUAGE FACT: 没门儿 (méi ménr), which literally translates as *no door*, is a Chinese expression that means *There's no way!* or *That's impossible!*

Scan here to hear the words!

fáng jiān

房间

room

shā fā

沙发

couch

FUN LANGUAGE FACT: Say 沙发(shā fā) out loud. Does it sound a bit like *sofa* to you? That's because it comes from the word *sofa*.

FUN LANGUAGE FACTS: 小 (xiǎo) means *small*, 地 (dì) means *floor* and 毯 (tǎn) means *blanket*. So a rug is a *small floor blanket* in Chinese.

xiǎo dì tǎn

小地毯

rug

dì bǎn

地板

floor

dì tǎn

地毯

carpet

zhuō zi

桌子

table

yǐ zi

椅子

chair

在家 zài jiā
At home

kā fēi zhuō
咖啡桌
coffee table

shū guì
书柜
bookcase

huā yuán
花园
garden

diàn shì
电视
TV

shí zhōng
时钟
clock

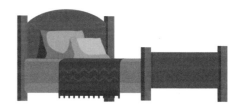

chuáng
床
bed

zhěn tou
枕头
pillow

diàn nǎo
电脑
computer

huà
画
painting

Scan here to hear the words!

chōu tì guì

抽屉柜

dresser

shǒu jī

手机

cell phone

FUN LANGUAGE FACT:
The word for *cell phone*, **手机** (shǒu jī), means *hand machine* in Chinese.

huā píng

花瓶

vase

kào zhěn

靠枕

cushion

chuāng lián

窗帘

curtain

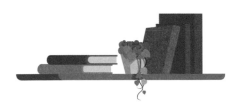

shū jià

书架

shelf

dēng

灯

lamp

wán jù

玩具

toys

53

在家 *zài jiā*
At home

shū zhuō

书桌

desk

FUN LANGUAGE FACT:
书 (shū) means *book*, while 桌 (zhuō) means *table*. So a desk is literally a *book table* in Chinese.

diàn shàn

电扇

fan

xǐ yī jī

洗衣机

washer

gān yī jī

干衣机

dryer

gé lóu

阁楼

attic

dì xià shì

地下室

basement

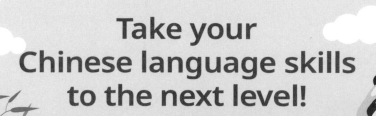

Scan here to hear the words!

lú zào

炉灶

stove

bīng xiāng

冰箱

refrigerator

FUN LANGUAGE FACT:
冰箱 (bīng xiāng) means *ice box*, and it refers to both the refrigerator and the freezer.

tiě guō

铁锅

wok

guō

锅

pot

píng dǐ guō

平底锅

pan

xǐ wǎn jī

洗碗机

dishwasher

wēi bō lú

微波炉

microwave

kǎo miàn bāo jī

烤面包机

toaster

55

在厨房里 *zài chú fáng lǐ*
In the kitchen

kǎo xiāng

烤箱

oven

wéi qun

围裙

apron

xǐ wǎn chí

洗碗池

kitchen sink

shuǐ lóng tou

水龙头

faucet

jiǎo bàn jī

搅拌机

blender

chá hú

茶壶

tea kettle

diàn fàn guō

电饭锅

rice cooker

cài bǎn

菜板

cutting board

lā jī tǒng

垃圾桶

garbage can

在餐桌上 zài cān zhuō shàng

At the table

chā zi
叉子
fork

dāo
刀
knife

sháo zi
勺子
spoon

kuài zi
筷子
chopsticks

bō li bēi
玻璃杯
glass

pán zi
盘子
plate

wǎn
碗
bowl

bēi zi
杯子
cup

liáng shuǐ hú
凉水壶
pitcher

57

在餐桌上 zài cān zhuō shàng
At the table

cān jīn
餐巾
napkin

cān jù
餐具
dishes

zhuō bù
桌布
tablecloth

zǎo fàn
早饭
breakfast

FUN LANGUAGE FACT: 饭 (fàn) means *food* or *meal*. Breakfast is 早饭 (zǎo fàn), or *early meal*; lunch is 午饭 (wǔ fàn), or *noon meal*; and dinner is 晚饭 (wǎn fàn), or *late meal*.

wǔ fàn
午饭
lunch

wǎn fàn
晚饭
dinner

tián diǎn
甜点
dessert

cài dān
菜单
menu

洗漱时间 xǐ shù shí jiān
Bath time

Scan here to hear the words!

yá shuā
牙刷
toothbrush

yá gāo
牙膏
toothpaste

FUN LANGUAGE FACT:
挤牙膏 (jǐ yá gāo), which literally means *to squeeze toothpaste,* is a Chinese expression that means *to get the truth out of someone bit by bit.*

yá xiàn
牙线
floss

wèi shēng zhǐ
卫生纸
toilet paper

mǎ tǒng
马桶
toilet

fà shuā
发刷
hairbrush

shū zi
梳子
comb

yù gāng
浴缸
bathtub

洗漱时间 xǐ shù shí jiān
Bath time

yù jīn
浴巾
bath towel

xǐ zǎo jiān
洗澡间
shower

féi zào
肥皂
soap

xǐ fà shuǐ
洗发水
shampoo

hù fū rǔ
护肤乳
lotion

FUN LANGUAGE FACT:
肥 (féi) means *fat* while 皂 (zào) comes from the word 皂荚 (zào jiá), which means *honey locust*. In ancient China, people used parts of the honey locust tree to wash clothing.

jìng zi
镜子
mirror

xǐ shǒu chí
洗手池
sink

chuī fēng jī
吹风机
hair dryer

60

在学校 zài xué xiào
At school

hēi bǎn
黑板
blackboard

你会说中文吗?

bái bǎn
白板
whiteboard

xiào fú
校服
school uniform

jiǎn dāo
剪刀
scissors

chǐ zi
尺子
ruler

xiàng pí cā
橡皮擦
eraser

shū
书
book

在学校 zài xué xiào
At school

qiān bǐ
铅笔
pencil

yuán zhū bǐ
圆珠笔
pen

shí táng
食堂
cafeteria

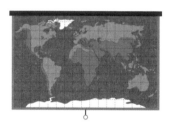

dì tú
地图
map

là bǐ
蜡笔
crayon

FUN LANGUAGE FACTS:
Another word for *cafeteria* is 餐厅 (cān tīng), which also means *restaurant*.

马克笔 (mǎ kè bǐ) comes from the English word, *marker*.

wǔ cān hé
午餐盒
lunchbox

bǐ jì běn
笔记本
notebook

mǎ kè bǐ
马克笔
marker

运动 yùn dòng
Sports

zú qiú
足球
soccer

lán qiú
篮球
basketball

wǎng qiú
网球
tennis

FUN LANGUAGE FACT:
球 (qiú) means *ball*. That's why you see this word in many of the sports names on this page! *Soccer* is 足球 (zú qiú), or *foot ball*; *basketball* is 篮球 (lán qiú), or *basket ball*, and *tennis* is 网球 (wǎng qiú), or *net ball*.

tǐ cāo
体操
gymnastics

qí zì xíng chē
骑自行车
cycling

huá xuě
滑雪
skiing

huá bīng
滑冰
ice skating

Scan here to
hear the words!

63

运动 yùn dòng
Sports

gāo ěr fū qiú
高尔夫球
golf

FUN LANGUAGE FACT:
高尔夫 (gāo ěr fū) comes from the word *golf*.

yóu yǒng
游泳
swimming

tiào shuǐ
跳水
diving

huá chuán
划船
rowing

bàng qiú
棒球
baseball

yuǎn zú
远足
hiking

tiào wǔ
跳舞
dancing

qí mǎ
骑马
horseback riding

Scan here to
hear the words!

fān chuán yùn dòng

帆船运动

sailing

chōng làng

冲浪

surfing

huá bǎn yùn dòng

滑板运动

skateboarding

pái qiú

排球

volleyball

pǎo bù

跑步

running

shuāi jiāo

摔跤

wrestling

pīng pāng qiú

乒乓球

table tennis

wǔ shù

武术

martial arts

shè jiàn

射箭

archery

运动器材 yùn dòng qì cái
Sports equipment

tǐ yù chǎng
体育场
stadium

qiú mén
球门
goal

wǎng
网
net

lán kuāng
篮框
basketball hoop

bīng dāo
冰刀
ice skates

FUN LANGUAGE FACT:
冰 (bīng) means *ice* while 刀 (dāo) means *knife*, since ice skates cut through the ice like a knife.

tóu kuī
头盔
helmet

qiú
球
ball

wǎng qiú pāi
网球拍
tennis racket

yǒu yòng de duǎn yǔ
有用的短语
Useful phrases

Scan here to hear the words!

nǐ hǎo ma?
你好吗?

wǒ hěn hǎo, nǐ ne?
我很好, 你呢?

Hello!
nǐ hǎo!
你好!

Good morning.
zǎo shàng hǎo.
早上好。

Good evening.
wǎn shàng hǎo.
晚上好。

Good night.
wǎn ān.
晚安。

Hi, my name is __.
nǐ hǎo, wǒ jiào ____.
你好, 我叫____。

Pleased to meet you.
rèn shi nǐ hěn gāo xìng.
认识你很高兴。

Welcome.
huān yíng.
欢迎。

Goodbye.
zài jiàn.
再见。

See you later!
huí tóu jiàn!
回头见!

How are you?
nǐ hǎo ma?
你好吗?

Another common way to ask *How are you?* in Chinese is to say **你怎么样** (nǐ zěn me yàng)? This is commonly used among friends.

When people say *welcome* in Chinese, they often repeat this phrase: **欢迎欢迎** (huān yíng huān yíng).

I'm fine thanks, and you?
wǒ hěn hǎo, nǐ ne?
我很好, 你呢?

Thank you.
xiè xie nǐ.
谢谢你。

You're welcome.
bú kè qi.
不客气。

I don't understand.
wǒ bù dǒng.
我不懂。

67

yǒu yòng de duǎn yǔ
有用的短语
Useful phrases

Where is the bathroom?
xǐ shǒu jiān zài nǎ li?
洗手间在哪里?

Do you speak English?
nǐ huì shuō yīng yǔ ma?
你会说英语吗?

How old are you?
nǐ duō dà le?
你多大了?

I'm __ years old.
wǒ ____ suì.
我 _____ 岁。

Excuse me.
bù hǎo yì si.
不好意思。

If you accidentally bump into someone, use **不好意思** (bù hǎo yì si) to apologize. If you are stopping someone on the street to ask for directions, use **请问** (qǐng wèn) instead.

I'm sorry.
duì bu qǐ.
对不起。

Could you help me?
nǐ néng bāng wǒ yí xià ma?
你能帮我一下吗?

nǐ néng gěi wǒ men pāi zhāng zhào ma?
你能给我们拍张照吗?

Could you take our picture?
nǐ néng gěi wǒ men pāi zhāng zhào ma?
你能给我们拍张照吗?

Please
qǐng
请

Okay
hǎo de
好的

Yes
shì
是

No
bù
不

How much does this cost?
zhè ge duō shǎo qián?
这个多少钱?

qǐng màn yòng.
请慢用。

Enjoy your meal!
qǐng màn yòng!
请慢用!

English to Chinese word list

A

almond
杏仁
xìng rén

ambulance
救护车
jiù hù chē

ankle
脚踝
jiǎo huái

ant
蚂蚁
mǎ yǐ

apartment
公寓
gōng yù

apple
苹果
píng guǒ

apricot
杏
xìng

apron
围裙
wéi qun

archery
射箭
shè jiàn

arm
胳膊
gē bo

asparagus
芦笋
lú sǔn

attic
阁楼
gé lóu

avocado
牛油果
niú yóu guǒ

B

baby
宝宝
bǎo bǎo

back
背
bèi

balcony
阳台
yáng tái

ball
球
qiú

banana
香蕉
xiāng jiāo

baseball
棒球
bàng qiú

baseball cap
棒球帽
bàng qiú mào

basement
地下室
dì xià shì

basketball
篮球
lán qiú

basketball hoop
篮框
lán kuāng

bat
蝙蝠
biān fú

bath towel
浴巾
yù jīn

bathing suit
游泳衣
yóu yǒng yī

bathtub
浴缸
yù gāng

beans
豆子
dòu zi

bear
熊
xióng

bed
床
chuáng

bee
蜜蜂
mì fēng

beetle
甲壳虫
jiǎ ké chóng

bell pepper
彩椒
cǎi jiāo

belt
皮带
pí dài

bike
自行车
zì xíng chē

bird
鸟
niǎo

bitter melon
苦瓜
kǔ guā

black
黑色
hēi sè

blackberry
黑莓
hēi méi

blackboard
黑板
hēi bǎn

blender
搅拌机
jiǎo bàn jī

blouse
女士衬衫
nǚ shì chèn shān

blue
蓝色
lán sè

blueberry
蓝莓
lán méi

boat
小船
xiǎo chuán

bok choy
小白菜
xiǎo bái cài

book
书
shū

bookcase
书柜
shū guì

boots
靴子
xuē zi

bow tie
领结
lǐng jié

bowl
碗
wǎn

bracelet
手链
shǒu liàn

bread
面包
miàn bāo

breakfast
早饭
zǎo fàn

broccoli
西兰花
xī lán huā

brown
棕色
zōng sè

Brussels sprouts
抱子甘蓝
bào zǐ gān lán

bus
公共汽车
gōng gòng qì chē

butter
黄油
huáng yóu

butterfly
蝴蝶
hú dié

C

cabbage
圆白菜
yuán bái cài

cafeteria
食堂
shí táng

cake
蛋糕
dàn gāo

camel
骆驼
luò tuo

candy
糖果
táng guǒ

car
汽车
qì chē

cardigan
开衫
kāi shān

carpet
地毯
dì tǎn

carrot
胡萝卜
hú luó bo

cashew
腰果
yāo guǒ

cat
猫
māo

caterpillar
毛毛虫
máo máo chóng

cauliflower
菜花
cài huā

celery
西芹
xī qín

cell phone
手机
shǒu jī

centipede
蜈蚣
wú gōng

cereal
麦片
mài piàn

chair
椅子
yǐ zi

cheek
脸颊
liǎn jiá

cheese
奶酪
nǎi lào

cherry
樱桃
yīng táo

chestnut
栗子
lì zi

chicken
鸡
jī

chin
下巴
xià ba

chocolate
巧克力
qiǎo kè lì

chopsticks
筷子
kuài zi

circle
圆形
yuán xíng

clock
时钟
shí zhōng

coat
大衣
dà yī

coconut
椰子
yē zi

coffee
咖啡
kā fēi

coffee table
咖啡桌
kā fēi zhuō

comb
梳子
shū zi

computer
电脑
diàn nǎo

congee
粥
zhōu

cookie
饼干
bǐng gān

corn
玉米
yù mǐ

couch
沙发
shā fā

cow
牛
niú

crab
螃蟹
páng xiè

cranberry
蔓越莓
màn yuè méi

crayon
蜡笔
là bǐ

crocodile
鳄鱼
è yú

croissant
羊角面包
yáng jiǎo miàn bāo

cucumber
黄瓜
huáng guā

cup
杯子
bēi zi

curtain
窗帘
chuāng lián

cushion
靠枕
kào zhěn

cutting board
菜板
cài bǎn

cycling
骑自行车
qí zì xíng chē

D

dad
爸爸
bà ba

dancing
跳舞
tiào wǔ

dark blue
深蓝色
shēn lán sè

daughter
女儿
nǚ ér

deer
鹿
lù

desk
书桌
shū zhuō

dessert
甜点
tián diǎn

diamond
菱形
líng xíng

digger
挖掘机
wā jué jī

dinner
晚饭
wǎn fàn

dishes
餐具
cān jù

dishwasher
洗碗机
xǐ wǎn jī

diving
跳水
tiào shuǐ

dog
狗
gǒu

dolphin
海豚
hǎi tún

English to Chinese word list

door
门
mén

dragon
龙
lóng

dress
连衣裙
lián yī qún

dresser
抽屉柜
chōu tì guì

dryer
干衣机
gān yī jī

duck
鸭子
yā zi

dumplings
饺子
jiǎo zi

E

ear
耳朵
ěr duo

earrings
耳环
ěr huán

egg
鸡蛋
jī dàn

eggplant
茄子
qié zi

eight
八
bā

eighteen
十八
shí bā

eighty
八十
bā shí

elbow
肘部
zhǒu bù

elephant
大象
dà xiàng

elevator
电梯
diàn tī

eleven
十一
shí yī

eraser
橡皮擦
xiàng pí cā

eye
眼睛
yǎn jing

eyebrow
眉毛
méi mao

F

face
脸
liǎn

fan
电扇
diàn shàn

faucet
水龙头
shuǐ lóng tou

ferry
渡轮
dù lún

fifteen
十五
shí wǔ

fifty
五十
wǔ shí

fig
无花果
wú huā guǒ

finger
手指
shǒu zhǐ

fingernail
手指甲
shǒu zhǐ jiǎ

fire engine
消防车
xiāo fáng chē

firefly
萤火虫
yíng huǒ chóng

fish
鱼
yú

five
五
wǔ

flamingo
火烈鸟
huǒ liè niǎo

flip flops
人字拖
rén zì tuō

floor
地板
dì bǎn

floss
牙线
yá xiàn

flour
面粉
miàn fěn

fly
苍蝇
cāng ying

foot
脚
jiǎo

fork
叉子
chā zi

forty
四十
sì shí

four
四
sì

fourteen
十四
shí sì

fox
狐狸
hú li

fries
薯条
shǔ tiáo

frog
青蛙
qīng wā

G

garbage can
垃圾桶
lā jī tǒng

garbage truck
垃圾车
lā jī chē

garden
花园
huā yuán

garlic
大蒜
dà suàn

ginger
姜
jiāng

giraffe
长颈鹿
cháng jǐng lù

glass
玻璃杯
bō li bēi

glasses
眼镜
yǎn jìng

gloves
手套
shǒu tào

goal
球门
qiú mén

goat
山羊
shān yáng

golf
高尔夫球
gāo ěr fū qiú

goose
鹅
é

gorilla
大猩猩
dà xīng xing

grandfather (dad's side)
爷爷
yé ye

grandfather (mom's side)
外公
wài gōng

grandmother (dad's side)
奶奶
nǎi nai

grandmother (mom's side)
外婆
wài pó

grapefruit
西柚
xī yòu

grapes
葡萄
pú tao

grasshopper
蚂蚱
mà zha

gray
灰色
huī sè

green
绿色
lǜ sè

green beans
四季豆
sì jì dòu

guava
番石榴
fān shí liu

gymnastics
体操
tǐ cāo

H

hair
头发
tóu fa

hair dryer
吹风机
chuī fēng jī

hairbrush
发刷
fà shuā

hallway
走廊
zǒu láng

ham
火腿
huǒ tuǐ

hamster
仓鼠
cāng shǔ

hand
手
shǒu

hat
帽子
mào zi

hazelnut
榛子
zhēn zi

English to Chinese word list

head
头
tóu

heart
心形
xīn xíng

hedgehog
刺猬
cì wei

heel
脚后跟
jiǎo hòu gēn

helicopter
直升机
zhí shēng jī

helmet
头盔
tóu kuī

herbs
香草
xiāng cǎo

high heels
高跟鞋
gāo gēn xié

hiking
远足
yuǎn zú

hippopotamus
河马
hé mǎ

honey
蜂蜜
fēng mì

horse
马
mǎ

horseback riding
骑马
qí mǎ

hot air balloon
热气球
rè qì qiú

hot chocolate
热巧克力
rè qiǎo kè lì

I

ice cream
冰淇淋
bīng qí lín

ice skates
冰刀
bīng dāo

ice skating
滑冰
huá bīng

J

jacket
夹克衫
jiá kè shān

jam
果酱
guǒ jiàng

jeans
牛仔裤
niú zǎi kù

juice
果汁
guǒ zhī

K

kale
羽衣甘蓝
yǔ yī gān lán

kangaroo
袋鼠
dài shǔ

ketchup
番茄酱
fān qié jiàng

kitchen sink
洗碗池
xǐ wǎn chí

kiwi
猕猴桃
mí hóu táo

knee
膝盖
xī gài

knife
刀
dāo

koala
树袋熊
shù dài xióng

L

ladybug
瓢虫
piáo chóng

lamp
灯
dēng

leek
韭葱
jiǔ cōng

leg
腿
tuǐ

lemon
柠檬
níng méng

lentils
小扁豆
xiǎo biǎn dòu

lettuce
生菜
shēng cài

lime
青柠檬
qīng níng méng

lion
狮子
shī zi

lips
嘴唇
zuǐ chún

lobster
龙虾
lóng xiā

lotion
护肤乳
hù fū rǔ

lotus root
莲藕
lián ǒu

lunch
午饭
wǔ fàn

lunchbox
午餐盒
wǔ cān hé

lychee
荔枝
lì zhī

M

mango
芒果
máng guǒ

map
地图
dì tú

marker
马克笔
mǎ kè bǐ

martial arts
武术
wǔ shù

meat
肉
ròu

melon
哈密瓜
hā mì guā

menu
菜单
cài dān

microwave
微波炉
wēi bō lú

milk
牛奶
niú nǎi

mirror
镜子
jìng zi

mole
鼹鼠
yǎn shǔ

mom
妈妈
mā ma

monkey
猴子
hóu zi

mosquito
蚊子
wén zi

moth
飞蛾
fēi é

motorcycle
摩托车
mó tuō chē

mouse
老鼠
lǎo shǔ

mouth
嘴巴
zuǐ ba

mushroom
蘑菇
mó gu

mustard
黄芥末酱
huáng jiè mò jiàng

N

napkin
餐巾
cān jīn

neck
脖子
bó zi

necklace
项链
xiàng liàn

net
网
wǎng

nine
九
jiǔ

nineteen
十九
shí jiǔ

ninety
九十
jiǔ shí

noodles
面条
miàn tiáo

nose
鼻子
bí zi

notebook
笔记本
bǐ jì běn

English to Chinese word list

O

oatmeal
燕麦片
yàn mài piàn

octopus
章鱼
zhāng yú

oil
油
yóu

older brother
哥哥
gē ge

older sister
姐姐
jiě jie

olive
橄榄
gǎn lǎn

one
一
yī

one hundred
一百
yì bǎi

onion
洋葱
yáng cōng

orange (color)
橙色
chéng sè

orange (fruit)
橘子
jú zi

oval
椭圆形
tuǒ yuán xíng

oven
烤箱
kǎo xiāng

owl
猫头鹰
māo tóu yīng

P

painting
画
huà

pajamas
睡衣
shuì yī

pale blue
浅蓝色
qiǎn lán sè

pan
平底锅
píng dǐ guō

panda
熊猫
xióng māo

pants
裤子
kù zi

papaya
木瓜
mù guā

parents
父母
fù mǔ

parrot
鹦鹉
yīng wǔ

passion fruit
百香果
bǎi xiāng guǒ

pasta
意大利面
yì dà lì miàn

pastries
糕点
gāo diǎn

peach
桃子
táo zi

peanut
花生
huā shēng

pear
梨
lí

peas
豌豆
wān dòu

pecan
碧根果
bì gēn guǒ

pen
圆珠笔
yuán zhū bǐ

pencil
铅笔
qiān bǐ

penguin
企鹅
qǐ é

pepper
胡椒
hú jiāo

persimmon
柿子
shì zi

pie
派
pài

pig
猪
zhū

pillow
枕头
zhěn tou

pineapple
菠萝
bō luó

pink
粉色
fěn sè

pistachio
开心果
kāi xīn guǒ

pitcher
凉水壶
liáng shuǐ hú

plane
飞机
fēi jī

plate
盘子
pán zi

plum
李子
lǐ zi

police car
警车
jǐng chē

pomegranate
石榴
shí liu

pot
锅
guō

potato
土豆
lǔ dòu

prune
西梅
xī méi

pumpkin
南瓜
nán guā

purple
紫色
zǐ sè

R

rabbit
兔子
tù zi

raccoon
浣熊
huàn xióng

radish
萝卜
luó bo

rain boots
雨靴
yǔ xuē

raincoat
雨衣
yǔ yī

raisins
葡萄干
pú táo gān

raspberry
红莓
hóng méi

rectangle
长方形
cháng fāng xíng

red
红色
hóng sè

red date
红枣
hóng zǎo

refrigerator
冰箱
bīng xiāng

rhinoceros
犀牛
xī niú

rice
米饭
mǐ fàn

rice cooker
电饭锅
diàn fàn guō

roof
屋顶
wū dǐng

room
房间
fáng jiān

rowing
划船
huá chuán

rug
小地毯
xiǎo dì tǎn

ruler
尺子
chǐ zi

running
跑步
pǎo bù

S

sailboat
帆船
fān chuán

sailing
帆船运动
fān chuán yùn dòng

salad
沙拉
shā lā

salt
盐
yán

sandals
凉鞋
liáng xié

sandwich
三明治
sān míng zhì

sausage
香肠
xiāng cháng

scarf
围巾
wéi jīn

school uniform
校服
xiào fú

scissors
剪刀
jiǎn dāo

scooter
滑板车
huá bǎn chē

sea star
海星
hǎi xīng

seahorse
海马
hǎi mǎ

seal
海豹
hǎi bào

seven
七
qī

seventeen
十七
shí qī

seventy
七十
qī shí

shallot
红葱头
hóng cōng tóu

shampoo
洗发水
xǐ fà shuǐ

shark
鲨鱼
shā yú

sheep
羊
yáng

shelf
书架
shū jià

ship
轮船
lún chuán

shirt
衬衫
chèn shān

shorts
短裤
duǎn kù

shoulder
肩膀
jiān bǎng

shower
洗澡间
xǐ zǎo jiān

sink
洗手池
xǐ shǒu chí

six
六
liù

sixteen
十六
shí liù

sixty
六十
liù shí

skateboarding
滑板运动
huá bǎn yùn dòng

skiing
滑雪
huá xuě

skirt
裙子
qún zi

skunk
臭鼬
chòu yòu

slippers
拖鞋
tuō xié

snake
蛇
shé

sneakers
运动鞋
yùn dòng xié

soap
肥皂
féi zào

soccer
足球
zú qiú

socks
袜子
wà zi

soda
汽水
qì shuǐ

son
儿子
ér zi

soup
汤
tāng

soy sauce
酱油
jiàng yóu

soybean
黄豆
huáng dòu

sparkling water
气泡水
qì pào shuǐ

spices
香料
xiāng liào

spider
蜘蛛
zhī zhū

spinach
菠菜
bō cài

spoon
勺子
sháo zi

square
正方形
zhèng fāng xíng

squirrel
松鼠
sōng shǔ

stadium
体育场
tǐ yù chǎng

stairs
楼梯
lóu tī

star
星形
xīng xíng

steamed stuffed bun
包子
bāo zi

stove
炉灶
lú zào

strawberry
草莓
cǎo méi

subway
地铁
dì tiě

sugar
糖
táng

suit
西装
xī zhuāng

sunglasses
太阳镜
tài yáng jìng

surfing
冲浪
chōng làng

sweater
毛衣
máo yī

sweet potato
红薯
hóng shǔ

swimming
游泳
yóu yǒng

T-shirt
T 恤衫
T xù shān

table
桌子
zhuō zi

table tennis
乒乓球
pīng pāng qiú

tablecloth
桌布
zhuō bù

taxi
出租车
chū zū chē

tea
茶
chá

tea kettle
茶壶
chá hú

teeth
牙齿
yá chǐ

ten
十
shí

tennis
网球
wǎng qiú

tennis racket
网球拍
wǎng qiú pāi

thirteen
十三
shí sān

thirty
三十
sān shí

three
三
sān

tie
领带
lǐng dài

tiger
老虎
lǎo hǔ

tights
连裤袜
lián kù wà

toaster
烤面包机
kǎo miàn bāo jī

toe
脚趾
jiǎo zhǐ

toenail
脚趾甲
jiǎo zhǐ jiǎ

tofu
豆腐
dòu fu

toilet
马桶
mǎ tǒng

toilet paper
卫生纸
wèi shēng zhǐ

tomato
西红柿
xī hóng shì

toothbrush
牙刷
yá shuā

toothpaste
牙膏
yá gāo

toys
玩具
wán jù

train
火车
huǒ chē

triangle
三角形
sān jiǎo xíng

truck
卡车
kǎ chē

tummy
肚子
dù zi

tuna
金枪鱼
jīn qiāng yú

turkey
火鸡
huǒ jī

turtle
乌龟
wū guī

tuxedo
燕尾服
yàn wěi fú

TV
电视
diàn shì

twelve
十二
shí èr

twenty
二十
èr shí

two
二
èr

U

underwear
内裤
nèi kù

V

van
面包车
miàn bāo chē

vase
花瓶
huā píng

vinegar
醋
cù

volleyball
排球
pái qiú

W

waffles
华夫饼
huá fū bǐng

walnut
核桃
hé tao

washer
洗衣机
xǐ yī jī

water
水
shuǐ

watermelon
西瓜
xī guā

whale
鲸鱼
jīng yú

wheat
小麦
xiǎo mài

white
白色
bái sè

whiteboard
白板
bái bǎn

window
窗户
chuāng hu

wok
铁锅
tiě guō

wolf
狼
láng

worm
蠕虫
rú chóng

wrestling
摔跤
shuāi jiāo

wrist
手腕
shǒu wàn

Y

yellow
黄色
huáng sè

yogurt
酸奶
suān nǎi

younger brother
弟弟
dì di

younger sister
妹妹
mèi mei

Z

zebra
斑马
bān mǎ

zero
零
líng

zucchini
西葫芦
xī hú lu